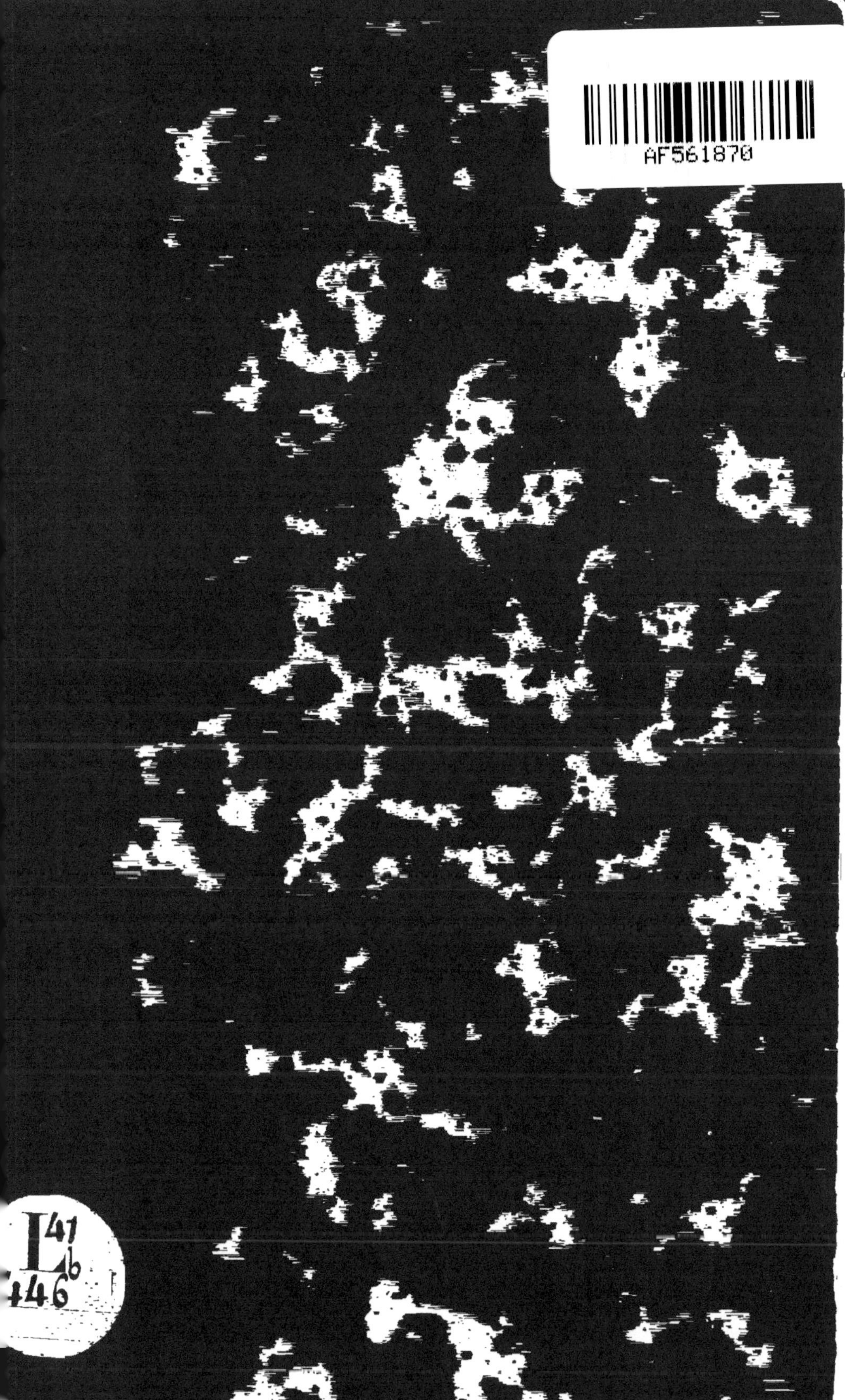

DISCOURS

PRONONCÉ DANS L'ÉGLISE PAROISSIALE

DE SAINTE-ÉLISABETH,

À l'occasion du Service solennel que MM. les Baillis, Commandeurs et Chevaliers de l'Ordre de Malte, composant les trois Langues de France, ont fait célébrer

POUR

TRÈS-HAUT, TRÈS-PUISSANT,

TRÈS-EXCELLENT PRINCE,

LOUIS XVI,

ROI DE FRANCE ET DE NAVARRE,

ET LES AUTRES MEMBRES DE LA FAMILLE ROYALE,

Le 9 Février 1815,

PAR M. L'ABBÉ DE QUELEN,

Vicaire-général de la Grande Aumônerie de France.

PARIS,

LE NORMANT, IMPRIMEUR-LIBRAIRE, RUE DE SEINE.

1815.

A MESSIEURS

LES BAILLIS, COMMANDEURS,

ET CHEVALIERS

DE L'ORDRE DE MALTE,

COMPOSANT LES TROIS LANGUES DE FRANCE.

MESSIEURS,

Je cède à vos instances : j'ai l'honneur de vous remettre le manuscrit du Discours que j'ai prononcé à l'occasion du Service que vous avez fait célébrer dans l'église Sainte-Elisabeth. Je me permets de vous répéter avec quelle peine je consens à le rendre public, malgré vos honorables suffrages, et même malgré ceux de l'auguste personne qui, dans cette circonstance, a daigné m'engager à répondre au vœu *que vous lui avez exprimé*. Si l'impression de ce Discours ne me justifie pas du reproche de témérité, elle aura du moins montré jusqu'où peut aller mon respect pour les moindres desirs d'une Princesse à qui les Français doivent tant de consolations; j'ose ajouter, Messieurs, que je m'estimerai heureux encore d'avoir pu, à ce prix, vous donner une nouvelle preuve de mon parfait dévouement.

Je suis avec respect,

MESSIEURS,

Votre très-humble et très-obéissant serviteur,

L'Abbé de Quelen,

Vic.-gén. de la grande Aumônerie.

Paris, le 23 février 1815.

Nota. Ce Discours étoit imprimé en février dernier : les malheureux événemens du mois de mars en ont arrêté la distribution.

DISCOURS

PRONONCÉ EN L'ÉGLISE PAROISSIALE DE SAINTE-ÉLISABETH,

A L'OCCASION DU SERVICE SOLENNEL CÉLÉBRÉ POUR LOUIS XVI, ROI DE FRANCE ET DE NAVARRE, ET LES AUTRES MEMBRES DE LA FAMILLE ROYALE.

Planxerunt, et fleverunt, et jejunaverunt usque ad vesperam, super Saül, et super Jonathan filium ejus, et super populum domini, et super domum Israël.

Ils s'abandonnèrent au deuil et aux larmes, et ils jeûnèrent jusqu'au soir, à cause de la mort de Saül et de Jonathas son fils, à cause des malheurs qui étoient arrivés au peuple de Dieu, et à la maison d'Israël.

Deuxième livre des Rois, c. 1. v. 12.

M. de Pierres de Bernis, ancien archevêque d'Albi, officiant.

MONSEIGNEUR,

ELLE nous est donc enfin accordée, après tant de calamités et tant de troubles, cette consolation, la seule presque qui devroit nous être permise, et qui nous fut si long-temps refusée, de pleurer paisiblement nos

Amos. 5. 13. malheurs! Ils sont passés *ces jours mauvais* dont parle le Prophète, *où le malheureux s'il étoit prudent devoit dévorer en silence sa douleur*, parce qu'il étoit dangereux de se plaindre! Enfin, la France en liberté, peut sans crainte, laisser couler ses larmes autrefois condamnées comme un crime, mais que la durée des temps ne sauroit épuiser, et dont les plus justes sujets de joie ne doivent pas même tarir la source!

Services pour Louis XVI, le 21 janvier, à S. Denis, et dans toute la France.

Déjà son chef et ses princes ont donné le signal des lamentations publiques; la reine de nos cités a répondu; un cri lugubre s'est élevé dans ses temples, il s'est prolongé jusqu'à l'extrémité de nos provinces; toutes les villes ont retenti de plaintes et de sanglots,

Amos. 5. 16. *leurs habitans ont invité les habitans des campagnes à venir s'affliger avec eux.* L'élite

Service par MM. les chevaliers de S. Louis.

de nos guerriers a voulu signaler particulièrement sa douleur et consacrer, par un deuil solennel, ce jour le plus malheureux de nos jours..... Et voici maintenant que les nobles et illustres chevaliers de l'ordre souverain de Saint-Jean-de-Jérusalem, dispersés et errans pour la sixième fois, se rassemblent aujourd'hui, sous les auspices d'une charité hospitalière, pour honorer à leur tour les augustes malheurs d'une famille à laquelle ils ont toujours donné les plus éclatans témoignages de dévouement et de zèle : ils viennent aussi arroser de leurs larmes cette terre de leur domaine consacrée depuis par les souffrances et les pleurs de la vertu ; ils viennent mêler leurs voix douloureuses à nos voix plaintives ; leurs tristes clameurs seront entendues de toutes les puissances de l'Europe ; elles iront frapper le rivage de ces îles que leurs exploits ont rendues si célèbres : l'écho en portera les accens fidèles jusque sur les plages brûlantes de l'Afrique, et ira même attendrir les barbares au fond de leurs déserts.

Des dames chanoinesses de l'ordre ont fait une quête consacrée au rétablissement des hôpitaux de la Champagne, incendiés dans la dernière guerre.

Le terrain du Temple, voisin de l'église Sainte-Elisabeth.

Qu'on ne nous accuse point de passer les bornes prescrites pour la douleur ! Celle du Roi Prophète, eut-elle une cause plus légitime ? peut-elle même entrer en comparaison avec la nôtre ?

Ce n'est point un Saül rejeté de Dieu à cause de ses impiétés et ses sacriléges, que nous avons à pleurer comme lui ; un roi violent et sanguinaire, orgueilleux dans ses fautes, dissimulé dans son repentir, ingrat envers Dieu comme envers les hommes, possédé de l'esprit de jalousie et de fureur, qui mourut dans ses iniquités, et dont la mort fut un crime qui acheva sa réprobation.

Le prince, au contraire, à qui nous venons rendre aujourd'hui ces honneurs funèbres et religieux, fut un Roi bon et clément (comme le sont tous les princes de sa famille), un Roi plein de générosité dans les outrages, prodigue de son repos, de sa gloire, de sa vie même pour le bonheur de ses sujets, un Roi dont l'Esprit-Saint semble nous avoir tracé l'éloge, lorsqu'il dit de Josias au Livre de l'Ecclésiastique : « Sa
Eccl. 49. 1. » mémoire est comme un parfum d'une » odeur admirable, son souvenir sera doux » à la bouche de tous les hommes, comme » le rayon de miel, et son nom agréable » comme un concert. Il a tourné son cœur » vers Dieu pendant le règne de l'irréligion, » et dans un temps de péché il s'est affermi » dans la justice. » Un Roi enfin..... O douleur !.... Douleur toujours renaissante ! Souvenir amer ! Que ne pouvons-nous l'effacer de tout notre sang ! Un Roi dont la mort ne

fut pas son crime, comme celle du premier roi d'Israël; mais le plus énorme attentat d'un peuple qu'il aimoit.....

Ce n'est pas tout..... Tandis que nous n'avions pas assez de larmes pour pleurer une seule mort et un seul forfait; voilà qu'en un même jour, en une même pompe funèbre, il nous faut encore fixer les regards sur d'autres victimes de l'aveuglement et du délire..... Et quelles victimes, grand-Dieu!... Une Reine magnanime autant qu'aimable, abreuvée d'humiliations et d'amertumes, prévenue, poursuivie, et enfin immolée par l'ingratitude et la calomnie... Un enfant Roi, qui ne régna que dans le secret des cœurs vraiment français, jeune lis inhumainement arraché de la terre où il avoit d'abord pris racine, transporté sur un sol aride, et desséché à son premier printemps... Une Princesse accomplie, modèle de piété filiale et martyre de son dévouement..... D'autres Princesses du sang royal, désolées et fugitives, succombant loin de leur patrie aux fatigues d'un long et pénible exil.. Un prince bon comme Jonathas, comme lui brave et intrépide, doux et constant dans l'amitié, ravi à la

Marie-Antoinette-Jeanne de Lorraine, archiduchesse d'Autriche, reine de France.

Louis XVII.

Madame Elisabeth de France.

Mesdames tantes du roi.

M. le duc d'Enghien.

gloire des armées françaises, qui, sous son commandement, seroient encore invincibles; enfin, cette foule innombrable de victimes sacrifiées sans distinction autour de ces personnes augustes et sacrées... Voilà, peuples, voilà, Français le sujet de notre douleur profonde; et si l'on en excepte la scène incomparable du Calvaire, fut-il jamais dans l'histoire des siècles une cause plus juste de tristesse universelle?

Répétons-donc, sans craindre de nous abandonner à l'excès, la plainte du Roi Prophète sur Saül, sur Jonathas, sur le peuple de Dieu; et qu'on fasse parmi nous comme autrefois dans Israël, une loi perpétuelle de la répéter chaque année. Ne craignons pas même comme David de rendre nos ennemis témoins de notre douleur : loin de s'en réjouir, ils nous plaindront, ils pleureront avec nous, et sur nos rois, et sur nos princes, et sur nos princesses, et sur la France, et sur nous-mêmes... *Planxerunt et fleverunt, et jejunaverunt usque ad vesperam, super Saül, et super Jonathan filium ejus, et super populum Domini, et super domum Israël.* 2. Reg. 1. 12.

Cependant, chrétiens, ne nous bornons

pas à des larmes stériles ; rendons utile notre douleur ; ne faisons pas de cette touchante cérémonie l'objet d'une sensibilité passagère ; mêlons-y les réflexions durables de la foi ; et voici celles qui m'occupent en ce moment pour votre instruction.

La mémoire de tant de malheurs et de tant de crimes doit nous apprendre quels sont les funestes effets de l'impiété parmi les peuples.

Le souvenir de tant de vertus au sein des plus terribles adversités, doit nous apprendre tout ce que peut sur les âmes l'empire de la religion.

L'irréligion préparant et consommant les malheurs qui nous ont ravi nos princes ; la religion soutenant et consolant nos princes dans tous ces malheurs : tel est le dessein de ce discours que nous consacrons à la gloire de Dieu et à la mémoire de TRÈS-HAUT, TRÈS-PUISSANT, TRÈS-EXCELLENT PRINCE, LOUIS SEIZIÈME DU NOM, ROI DE FRANCE ET DE NAVARRE ; et vous augustes et vertueuses princesses qui avez partagé ses malheurs, vous recevrez aussi avec lui l'hommage de nos regrets et le tribut de notre admiration !

PREMIÈRE PARTIE.

Ce que le grand Bossuet, ce redoutable adversaire des novateurs et des incrédules, disoit autrefois de l'esprit d'hérésie, nous pouvons l'appliquer, avec plus de raison encore, à l'esprit d'irréligion : « Qu'elle » porte toujours avec elle un caractère d'in» docilité et d'indépendance dont rien n'est » capable de modérer l'excès, qu'elle fait » perdre le respect de la majesté et des lois, » et que tout dans les Etats se tourne en » pensées séditieuses et en révolte, quand » une fois l'autorité de la religion y est » anéantie. » Il citoit à l'appui de cette vérité l'exemple d'une révolution fameuse, qui eut avec nos orages politiques des traits de ressemblance si douloureux et si frappans, mais que la nôtre a surpassé encore d'autant de degrés qu'il y a de distance entre l'amour inquiet des nouveautés, qui ne cherche qu'à changer les bornes établies, et la licence absolue qui les arrache et ne veut en souffrir aucune.

Oraison funèbre de la reine d'Angleterr.

Or, Messieurs, il faut en convenir aujourd'hui, c'est l'oubli de tous les principes de la religion, c'est l'incrédulité qui fut la source d'où sortirent tous ces fléaux qui se dirigèrent d'abord vers le trône de nos Rois, en ébranlèrent les fondemens, entraînèrent le monarque, et enveloppèrent enfin, dans leur débordement impétueux, tant d'illustres victimes dont la perte fera perpétuellement le sujet de nos regrets et de nos larmes.

En effet, quand les malheurs qui ont pesé sur nos princes et sur nous, n'auroient été qu'un de ces châtimens terribles de la colère de Dieu, qui appelle à son gré les élémens pour les faire servir d'instrumens à sa justice, qui selon le langage de l'Ecriture, *passe au milieu de son peuple* comme un ouragan furieux, pour venger enfin le mépris de son culte et l'indifférence pour sa loi; quand, dis-je, tous ces malheurs n'auroient été qu'un de ces châtimens immédiats de la main de Dieu, auxquels les hommes n'ont aucune part; toujours aurions-nous le droit de les attribuer à l'oubli de la religion et à l'impiété qui les auroient attirés sur nos têtes; mais il faut dire quelque chose de plus particulier et de plus fort; il

Amos 5. 17.

faut juger l'irréligion d'après ses maximes destructives des Etats, la confronter avec sa doctrine séditieuse; la convaincre du crime de rébellion, et la condamner, tous ensemble, comme la cause directe de tous nos malheurs; soyez attentifs, je vous prie, à cette discussion importante.

Qu'est-ce que la religion nous apprend touchant la personne des souverains légitimes? Ecoutez, je n'avancerai rien qui ne soit dicté par l'esprit de Dieu, tiré de nos livres sacrés, et appuyé sur les principes de la plus saine théologie. Dieu est le
Apoc. 17. 4. *Roi des Rois*, et la source de toute souve-
II. Paral. 29. 12. raineté; il n'appartient qu'à lui de donner
Sap. 12. 12. la royauté et l'empire. C'est *par lui que les*
Prov. 8. 5. *rois règnent*, c'est par eux qu'il exerce sa
Rom. 13. 4. puissance sur la terre; *les Rois sont les*
ministres et les représentans du Très-Haut,
et en cette qualité les peuples leur doivent
le respect, l'obéissance et l'amour; il faut
Rom. 13. 5. leur être soumis *non seulement par crainte*,
Eph. 6. 5. *mais aussi par obligation de conscience*,
avec la bonne volonté d'un cœur sincère,
comme à Jésus-Christ même. Il faut leur obéir, non seulement à eux, mais encore

à ceux à qui il leur plaît de confier une portion d'autorité ; non seulement *à ceux qui sont doux, mais aussi à ceux qui sont injustes et fâcheux. Le service de Dieu et le respect pour le Roi* sont deux devoirs si essentiellement unis qu'ils sont indivisibles; après la religion qui rend à Dieu le culte souverain, il faut garder encore *la religion de la seconde majesté* qui réside dans les princes comme un écoulement de la première. La personne des Rois est sacrée, et tout attentat sur eux est un sacrilége; nul n'a le droit de s'élever contre eux, dans quelque circonstance que ce puisse être, parce qu'ils ne relèvent que de Dieu seul, et qu'il n'y a que lui qui puisse les juger. S'ils sont soumis, comme tous les autres hommes, à l'équité des lois, « ils sont cependant affranchis, dit Bossuet, des peines » qui lient les criminels, parce que l'autorité du commandement ne permet pas que » les lois les condamnent au supplice : » tel est le droit du Roi, tel que nos pères l'avoient toujours connu, tels que les chevaliers français l'ont toujours soutenu de leur épée, et tel qu'il est écrit sur ces tables

1. Pet. 2. 15.

Ibid. 18.

Ibid. 17.

Tert. Apol.

Politique sacrée, l. 4, art. 1. 3me prop.

éternelles dont aucune main mortelle ne sauroit rien retrancher. Voilà ce que la religion nous enseigne sur la personne des souverains; et certes vous voyez déjà qu'il n'est point de plus solide appui pour les trônes et même pour les sociétés; car, messieurs (nous devons ici prévenir jusqu'à l'ombre du reproche), ce langage, le seul qu'il soit permis en conscience de tenir dans une monarchie telle que la nôtre, ce langage n'est nullement opposé aux principes qui doivent diriger les sujets des autres Etats, quelles que soient d'ailleurs leur nature ou leurs formes. Au contraire cette doctrine céleste que nous venons d'exposer, peut et doit s'appliquer aussi à tous les gouvernemens légitimes; « que le Dieu de paix, qui veut la tran- » quillité des choses humaines, dit encore » Bossuet, prend tous sous sa protection, » en sorte que chaque peuple doit suivre, » comme un ordre divin, l'ordre établi dans » son pays; et que celui qui entreprend de » le renverser ou de le changer, n'est pas » seulement l'ennemi public, mais encore, » suivant l'oracle du grand apôtre, *l'ennemi*

Polit. sacrée, liv. 2, art. 1, 12e prop.

» déclaré *de Dieu lui-même.* » Ecoutons Rom. 13. 2.
maintenant ce que nous opposera l'impiété.

L'impie *a dit dans son cœur : Il n'y a* Ps. 52. 1.
point de Dieu ; et par cette première parole il a méconnu toute espèce d'autorité dont la souveraineté éternelle est la source ; il a dit : Il n'y a point de Providence qui gouverne l'univers, point de loi qui règle les consciences, point de bien ou de mal que celui qui favorise ou trouble les passions, point de sagesse que de se procurer le bonheur à tout prix, point de bonheur que dans la liberté des penchans, point d'immortalité que dans nos histoires, point de peines à craindre, point de récompenses à espérer que celles de la vie présente, point de consolation pour la vertu, point de terreur pour le crime que le néant ; rétribution suffisante pour ce qui n'est, selon lui, qu'un vain nom et l'effet d'une aveugle et invincible nécessité.

Voulez-vous savoir actuellement ce qu'il pense sur la société, sur la patrie, sur les lois, sur les souverains ? Il vous apprendra (et ce sont ici ses propres expressions), il vous apprendra que les obligations les plus indispensables de la société civile ne son qu'un pacte conditionnel, qu'un contrat révocable dont il sera permis de se dégager selon l'âge, les circonstances et l'intérêt ; que le droit n'est autre chose que la force, et le devoir que l'impuissance de résister. Il vous dira: Que l'autorité souveraine n'a d'autre origine que la guerre, la fourberie et la superstition; que la volonté de Dieu qu'on invoque pour consacrer l'autorité des Rois, n'est qu'un mot vide de sens, et dont on ne peut qu'abuser ; qu'un pouvoir émané de Dieu est une chaîne de fer qui tient une nation entière sous les pieds d'un seul homme ; que toute puissance qui n'est pas donnée par le choix de la multitude, n'est qu'une puissance usurpée ; que le peuple peut à son gré confier, étendre, restreindre et reprendre le pouvoir, et que hors de là il n'y a plus dans les gouvernemens que violence et que brigandage.... Voilà ce qu'a dit l'impiété, et vous reconnoissez sans doute quelques-unes de ces pernicieuses maximes. Voilà ce qu'elle a dit ; et plût à Dieu qu'elle se fût contentée de le dire dans son cœur! mais non, voilà ce qu'elle a dit tout haut depuis plus d'un demi-siècle, ce qu'elle a dit à tous, aux grands, aux petits, aux magistrats, à l'artisan; voilà ce qu'elle a répété dans ses assemblées publiques ou secrètes, ce qu'elle a consigné dans tous ses livres, graves ou licencieux, sérieux ou enjoués, simples ou profonds, répandant ainsi ses poisons sur tous lieux de son passage.

Or, je le demande, qu'on oppose cette morale de l'impiété et sur Dieu et sur les Rois, à la morale de l'Evangile, qu'on la laisse s'introduire parmi les peuples, et bientôt vous y verrez se propager l'esprit de sédition et de révolte; oui, laissez-le s'étendre et s'affermir cet affreux système, et bientôt le poison aura consumé les liens sacrés qui unissent les sujets à leurs rois, et les sujets entr'eux; et bientôt, dans l'État le plus florissant, il faudra (ainsi que l'avoit annoncé vers la fin du dernier siècle, comme par un esprit prophétique, un prédicateur de cette compagnie célèbre dont la destruction fut un sujet de triomphe pour l'irréligion), « il faudra que tout croule, que tout » s'affaisse, que tout s'anéantisse : il ne sera » pas besoin pour cela que Dieu déploie sa

Le P. de Neuville, panégyrique de S. Aug.

» foudre et son tonnerre, le ciel pourra se
» reposer sur la terre du soin de le venger. »

O France! France malheureuse! Tu la commis cette imprudence.... Soit légèreté, soit présomption dans la loyauté antique, tu la reçus cette funeste doctrine que t'apportoit l'irréligion sous le masque trompeur d'une fausse sagesse; tu l'appelas dans ton sein cette philosophie mensongère qui méditoit ta ruine; tu voulus faire alliance avec elle; aveugle qui n'a pas compris que c'é-
Is. 26. 15. toit faire *un pacte avec la mort, et un contrat avec l'enfer....* Tu recherchois ses adeptes insensés, tu les couronnois dans tes fêtes, tu applaudissois à ses maximes insidieuses.... Enhardie par ta folle confiance, elle s'est introduite dans la maison de tes grands; couverte d'un voile hypocrite, elle a pénétré dans le sanctuaire de la Justice, et même quelquefois dans celui du Seigneur, à l'aide d'une modestie affectée et sous des noms d'emprunt, elle a visité toutes tes demeures, jusqu'à la chaumière du pauvre, et partout elle a déposé le germe de la destruction.... Depuis long-temps, tes
Is. 62. 6. pasteurs, comme des *sentinelles vigilantes*

l'avertissoient, mais en vain; tu vivois sans défiance; tu riois de leur sollicitude, tu ne supportois même leurs conseils qu'avec impatience; semblable à une jeunesse séduite, qui, n'écoutant plus la voix de l'expérience et de la sagesse, tombe tout d'un coup aux mains du cruel ravisseur.... C'en est fait, dit un prophète, tu vas devenir la proie de ces ennemis que tu as appelés dans ton enceinte, ils exerceront sur toi leur affreux ravage. *Nunc vastaberis filia latronis.* Ton Mich. 5. 1.
Roi sera le premier objet et la première victime de leur rage insensée; ils l'outrageront indignement, ils le frapperont dans sa capitale en présence de son peuple : *In virgâ percutient maxillam judicis Israël*.... Ils *Ibid.*
feront plus, ils mettront dans tes mains les armes de leur fureur, pour te laisser avec les calamités qu'ils ont apportées dans ton sein, et la douleur de les avoir préparées toi-même, et la honte d'en avoir été l'instrument.... Je la vois cette maîtresse superbe des nations...., elle boit à longs traits dans la coupe que lui présente l'impiété, et bientôt, oubliant dans son ivresse ses principes et sa douceur, elle porte sur elle-même ce

coup fatal qui la blesse dans la plus noble de ses parties; elle ouvre cette large et profonde blessure d'où se perd à grands flots le plus pur de son sang.... D'abord celui de son Roi, ensuite celui de ses princes, et puis celui de ses prêtres, et encore celui de ses plus nobles citoyens, et celui de ses plus vaillans soldats, et celui des générations entières.... France, ta gloire t'abandonne, ta force chancelle, tu succombes, ta perte est certaine!.... A moins que le Seigneur par un de ces prodiges de miséricorde, aussi rare que tes excès, ne daigne te rappeler de ce long épuisement.

Il l'a faite, Messieurs, cette miséricorde; mais il faut le dire avec une inconsolable douleur, qui toutefois ne diminue rien de notre reconnoissance, quels qu'ayent été les conseils de la bonté divine en notre faveur, il sera toujours vrai qu'il nous restera
Jérém. 8. 22. *une cicatrice honteuse* et ineffaçable, comme celle de Sion dont parloit un prophète. Tant que notre nom subsistera sur la terre, jusqu'à ce qu'il disparoisse de la liste des empires, toutes les fois que nous nous rassemblerons pour renouveler l'anniversaire

des obsèques de nos Rois, il nous faudra aussi, selon la pensée de saint Ambroise, célébrer en quelque sorte, celui de nos propres funérailles. *Publico quodam orbis funere appetiti necem Regis exolvimus.* S. Ambr. Apol. David. c. 6. n. 17.

Où sont maintenant ceux qui prétendent que la religion et la piété sont un affoiblissement de la politique? Qu'ils regardent de près nos malheurs, et qu'ils soient confondus en voyant au contraire l'irréligion détruisant par ses principes et sa morale, tout ce que la saine politique a de plus respectable et de plus sacré; qu'ils apprennent que c'est elle qui mine sourdement et renverse enfin les royaumes les mieux affermis, parce qu'elle ruine tout ce qu'il y a de bon et d'honnête dans le cœur des peuples, et qu'elle leur enseigne à ne rien respecter sur la terre, comme elle ne respecte rien dans le ciel; qu'ils sachent qu'en lâchant la bride à toutes les passions, c'est elle qui corrompt l'homme, et que par cette corruption, de sociable qu'il étoit par nature, elle en fait, selon la pensée de saint Augustin, le plus intraitable et le plus insociable des êtres; S. Aug. de Civit. Dei. qu'ils reconnoissent enfin avec un éloquent

Massillon. évêque, parlant devant un de nos Rois : « Que l'incrédule qui a secoué le joug de » la foi, se désacoutume bientôt du joug » de l'obéissance ; que ceux qui ne con- » noissent pas de Dieu, ne respectent pas » davantage les hommes ; et que les impies » (ce sont les paroles du même évêque), » et que les impies sont toujours des sujets » dangereux. »

Quelqu'un me dira peut-être que des Rois, et les plus excellens, ont succombé sous le fer d'hommes enthousiastes, qui parloient le langage de la religion. Mais qui ne voit d'abord que la religion n'étoit alors qu'un prétexte dont on se servoit, comme de tout autre, et que ce prétexte, la religion l'a toujours publiquement condamné ? Qui ne sait de plus, que la véritable cause de ces attentats ne fut pas toujours bien éclaircie, qu'elle est encore pour l'histoire ou un mystère ou un problème ? Et quand nous avouerions que ces actes détestables auroient été le fruit d'une imagination exaltée par la religion, comme elle eût pu l'être par quelqu'une des passions humaines, jamais ils ne furent (quels que soient à cet égard les traits de la calomnie), jamais ils ne furent le résultat d'un système que l'impiété seule est en possession d'établir par des principes et de démontrer par des exemples.

Qu'on ne nous objecte pas non plus que l'incrédulité et l'irréligion sont de tous les temps, de tous les pays, et que les révolutions ne sont qu'éphémères; que dès le commencement l'impiété s'est *élevée contre le* Ps. 2. 2.
Seigneur et contre son Christ; que cependant elle n'a pas continuellement produit des secousses, et qu'il ne faut pas lui attribuer toutes celles qui ont bouleversé les Etats.... Je n'en sais rien, et peut-être que l'examen ne seroit pas ici à son avantage. Ceux qui ont étudié et approfondi l'histoire du progrès et de la décadence des nations, nous ont instruit de ce qu'elle a opéré dans tous les temps sur les particuliers et sur les peuples. Partout, ils nous l'ont montrée immolant la patrie à l'intérêt personnel, étouffant le germe des vertus et des affections sociales, faisant succéder les séditions et l'anarchie à l'amour du bien public et de la gloire; renversant les républiques de la

Grèce, préparant la chute de l'empire romain, secondée à cet effet par une foule d'ambitieux qui ne croyoient plus aux enfers ni à Dieu même. Et en supposant encore que l'esprit d'incrédulité ne produisît pas universellement les mêmes ravages, « parce qu'il reçoit, dit Bossuet, diverses » limites, suivant que la crainte ou l'intérêt, » l'humeur des particuliers et des nations, » ou enfin la puissance divine qui donne » des bornes secrètes aux passions des » hommes les plus emportés, la retiennent » différemment. » Il ne faudroit pas pour cela l'absoudre, parce qu'elle conserve toujours son caractère d'indocilité et ses maximes d'indépendance, sans lesquelles on ne verroit personne attenter au droit des souverains, ou à la tranquillité publique ; il est inouï qu'un bon chrétien se soit jamais rencontré à la tête d'une révolte ou dans la foule des séditieux. Oui, Messieurs, ne cessons de le dire, et persuadons-nous-en toujours de plus en plus ; l'impiété, l'irréligion, l'incrédulité, voilà la véritable cause *des grandes mutations* qui n'arrivent jamais que pour le malheur de ceux qui en

Oraison funèbre de la reine d'Angleterr.

sont les témoins. La foiblesse ou la violence des princes auxquelles on les attribue le plus ordinairement, n'est que le voile sous lequel elle cache sa main meurtrière, et après la funeste expérience que nous en avons faite, nous devons aujourd'hui, Messieurs, la condamner comme l'ennemi parricide des Rois, et annoncer à tous les peuples de la terre qu'il n'est point pour eux de destructeur plus implacable.

Religion sainte de nos pères! O combien nous reconnoissons en ce moment le prix de vos bienfaits! Achevez donc votre ouvrage, et venez nous apprendre, par l'exemple de nos augustes victimes, tout ce que nous pouvons espérer avec vous de consolation, de force et même de bonheur au jour de la tribulation, et quelles sont vos grandes ressources dans les plus grands revers! Sujet du second point.

SECONDE PARTIE.

Un Roi de France a dit : « Que si jamais » la vérité et la bonne foi venoient à être » entièrement bannies de dessus la terre, » elles devoient se retrouver dans le cœur

Le roi Jean.

» des rois. » Il faut dire la même chose de la religion, source de toute bonne foi et de toute vérité; soit parce que les rois étant les ministres de Dieu sur la terre, ils sont obligés à une fidélité plus constante; soit parce que la religion consacrant leur puissance et consolidant leur trône, ils doivent s'attacher davantage à elle, autant par reconnoissance que pour l'intérêt de leur couronne; soit parce que les rois ayant une responsabilité plus grande, des devoirs plus multipliés et plus pénibles à remplir, il leur faut aussi des lumières plus abondantes, et des grâces surnaturelles qu'ils ne peuvent recevoir que de la religion; soit parce qu'étant plus libres, plus indépendans, plus maîtres de satisfaire impunément leurs désirs, ils ont besoin d'un frein plus puissant qui les contienne dans les bornes de la modération et de la justice; soit enfin, parce que les rois étant sujets comme les autres hommes, hélas! et peut-être plus que les autres hommes, à l'instabilité des choses humaines, les événemens qui renversent leur gloire et leur fortune leur deviennent plus sensibles, et qu'ils ont alors besoin d'une force extraordinaire pour soustenir avec magnanimité les secousses du malheur.

Or, Messieurs, c'est sous ce dernier point de vue que je me propose de contempler un moment avec vous nos illustres victimes. Je veux vous les montrer aux prises avec l'adversité, luttant à l'aide de leur religion contre ses plus violens efforts, et triomphant de toutes ses rigueurs; et alors, sans doute, ravis d'un si beau spectacle, vous vous écrierez avec le disciple bien aimé : La victoire, la véritable victoire qui nous élève au-dessus du monde et de nous-mêmes, c'est celle que nous fait remporter la foi *hæc est* 1. Joan 5.4.
victoria quæ vincit mundum fides nostra.

C'est par vous que je commence, chef auguste de tant d'infortunés, ô Prince, digne d'un meilleur sort sur la terre, si le ciel n'avoit pas assez de récompenses pour dédommager des persécutions et de toutes les pertes d'ici bas ! vous deviez comme roi, à votre famille et à vos sujets destinés à vous suivre dans la route pénible des tribulations, un exemple mémorable de la constance inébranlable que donne la religion.

Louis XVI, Messieurs, fut un prince

profondément religieux, pénétré de respect et de soumission pour nos dogmes sacrés, il fut encore fidèle et exact observateur des préceptes de l'Eglise ; car, il ne faut plus parler maintenant, que pour le plaindre et admirer l'humilité de sa foi, de cette condescendance si funeste à la religion, effet du trouble, de la surprise et de son amour pour la paix ; condescendance au reste qu'il répara d'une manière si solennelle, en déclarant authentiquement avant sa mort : « Qu'il n'avoit jamais prétendu se » rendre juge dans les différentes manières » d'expliquer les dogmes qui déchiroient » l'Eglise de Jésus-Christ, et en offrant à » Dieu le repentir profond qu'il avoit d'avoir » mis son nom (quoique cela fût contre sa » volonté), à des actes qui pouvoient être » contraires à la discipline et à la croyance » de l'Eglise catholique, à laquelle il avoit » toujours été sincèrement uni de cœur. »

Testament du roi.

Cet attachement à la religion catholique, c'étoit l'héritage des rois très-chrétiens, héritage que nous avons vu se conserver et s'embellir même dans une terre étrangère, pour nous apprendre que l'île des saints peut encore devenir féconde, et aussi, Messieurs, pour vous donner l'espérance qne cette glorieuse langue d'Angleterre, dont vous regrettez depuis si long-temps la perte, pourra revivre encore pour la gloire d'un ordre qu'elle illustra pendant plusieurs siècles, pour le rétablir, peut-être, dans ses anciennes prérogatives, et lui donner de fidèles chevaliers chrétiens, qui défendront encore et l'autel et le trône, et la croix de Jésus-Christ, et le sceptre des rois. Cet héritage, il avoit été fidèlement transmis à nos princes, par ce bon Dauphin, l'amour et les délices de la France, l'admiration de l'Europe entière, l'espoir de l'Eglise et de la Religion, dont la perte causa tant de regrets qui subsistent encore, et qui nous fut sans doute enlevé par un secret jugement de votre justice, ô mon Dieu !

Séparée de l'Ordre de Malte sous Henri VIII, roi d'Angleterre, devenu protestant.

M. le dauphin, père de Louis XVI.

Je passe rapidement sur les paisibles années du règne de Louis, pendant lesquelles la religion fut continuellement assise avec lui sur le trône, pour lui inspirer l'amour et la pratique des vertus royales et chrétiennes, l'union dans sa famille, le respect pour les mœurs, la tendresse pour les malheureux, cette bonté pour son peuple qui fut son caractère distinctif, l'éloignement des flatteurs, l'horreur des guerres injustes, la modération, la droiture, la probité, la justice, toutes ces vertus enfin qui constituent les meilleurs princes, et qui, dans des temps ordinaires, devoient rendre, en sa personne, la royauté non-seulement vénérable et sainte, mais encore aimable et chère à tous ses sujets.

J'arrive, quoiqu'en tremblant, à cette époque où la religion doit signaler son pouvoir d'une manière si éclatante, se glorifier elle-même en glorifiant l'homme juste dans l'adversité; et c'est ici, Messieurs, où en rendant hommage à la force de cette religion divine, nous pourrons en même temps nous convaincre, que si LOUIS *fut clément jusqu'à s'en repentir*, cet illustre défaut de son cœur ne fut pas de la foiblesse, tant il se montra fort et courageux dans les plus effrayantes circonstances et les épreuves les plus terribles.

Déjà les malheurs sont arrivés jusqu'au trône, et l'ont environné de toute parts; de violentes secousses l'ont ébranlé; des bruits sourds et qui vont toujours en croissant, ont annoncé qu'un volcan est sur le point de s'ouvrir à l'endroit même où le Roi est assis. Déja ont disparu ces antiques et vénérables barrières qui tenoient à une respectueuse distance la multitude toujours indiscrète, et maintenant devenue audacieuse. Les plus proches et les plus fermes appuis de la monarchie ont été dispersés et entraînés au loin : les plus douloureux sacrifices sont inutiles...... Les périls redoublent, mais LOUIS, resté seul avec sa famille, a déjà aussi puisé dans les pensées et les secours de la religion, un courage au-dessus de tous les périls; sa tête est menacée, *et son cœur ne bat pas plus fort qu'à l'ordinaire*, « car il n'est pas permis à des rebelles, » dit Bossuet, de faire perdre la majesté à » un Roi qui sait se connoître. » Ajoutons, et que la religion soutient..... Enfin les momens de la Providence sont arrivés...... Il va tomber le trône des Clovis !.... Vertueux Monarque, l'Univers crouleroit encore qu'on vous verroit debout au milieu de ses ruines : mais non, vous ne devez pas rester sur ces débris ; quittez avec courage le palais de vos pères ; plus occupé du malheur de

Paroles du roi, le 20 juin 1792.

Oraison funèbre de la reine d'Angleterre.

vos sujets coupables que de vous-mêmes ; fuyez, fuyez, sans honte, *pour épargner à votre peuple un grand crime*, ou du moins pour le retarder ! C'étoit là son seul désir et l'unique motif de sa marche précipitée.

Paroles du roi à l'assemblée nationale, le 10 août 1792.

Ne vous semble-t-il pas, Messieurs, voir ici le saint roi David, que sans doute on n'accusera pas de foiblesse, fuyant avec douleur devant la face d'un fils ingrat et rebelle, faisant des vœux pour son salut; offrant sa vie pour son cher Absalon, et supportant avec une modération, que ses plus fidèles serviteurs condamnent comme extrêmes, les injures, les malédictions et les outrages d'un vil Seméï ?

2. Reg. 15, et seq.

La sagesse, nous dit l'Esprit Saint dans l'Ecriture, n'a point abandonné le juste; elle l'a suivi dans sa prison, elle ne l'a pas quitté dans les fers, elle lui en a adouci le poids, elle a convaincu de mensonge et d'imposture ceux qui vouloient le déshonorer ; elle lui a donné un nom éternel en lui faisant acquérir une gloire qui ne finira jamais : *Sapientia justum non dereliquit... in vinculis non dereliquit illum... dedit illi claritatem æternam.* C'est de la religion, sous le nom de la sagesse

Sap., 10, 13.

que parle l'esprit de Dieu. LOUIS est descendu du trône d'un pas aussi ferme qu'il y seroit monté, appuyé qu'il étoit sur ce bras tout-puissant. Les autres *bras de chair* ne pou- Jérem. 17, 5
voient plus être d'aucun secours; ils n'auroient fait que précipiter encore la chute du Monarque; et elle eût été d'autant plus douloureuse, qu'il se seroit reposé davantage sur ces fragiles roseaux. Désormais la religion l'accompagnera jusque dans ses moindres démarches; plus la détresse viendra serrer son cœur, plus la religion multipliera ses soins et ses consolations. Quels que soient l'isolement et l'obscurité de la demeure où l'enferment des satellites farouches, ils ne peuvent en refuser l'entrée à cette religion divine qui descend du ciel comme son glorieux auteur. Comme lui elle perceroit les pierres les plus épaisses, elle *briseroit les portes d'airain*, Ps. 106, 16.
elle réduiroit en poudre les gonds et les verroux, plutôt que de manquer à celui qui l'invoque au jour de l'affliction; mais elle est dans le cœur de LOUIS, d'où rien ne sauroit l'arracher : elle y a établi son trône; elle y règne en souveraine pour le défendre et l'élever au-dessus de toutes les contradictions qui lui restent encore à souffrir.

Que ne puis-je, Messieurs, vous introduire un moment dans cette tour mystérieuse, pour vous y faire remarquer les ineffables communications de LOUIS avec cette céleste compagne de ses malheurs ! Heureux serviteurs qui eûtes la triste consolation d'observer journellement ces douloureuses merveilles ! Ah ! si les bornes que j'ai dû me prescrire me le permettoient, que j'aimerois, Messieurs, à vous faire contempler notre bon Roi, tantôt anéanti devant Dieu, dans le saint exercice de la prière ; tantôt méditant avec un recueillement profond les promesses consolantes de l'Evangile, et y puisant un courage extraordinaire qui étonnoit jusqu'à ses gardes impies ; tantôt s'entretenant, avec son vertueux ami, de la fin de l'homme chrétien, de la félicité éternelle où le Seigneur dédommage la vertu de l'injustice des hommes ; tantôt écrivant sous la dictée de la religion, comme les Prophètes et les Apôtres dociles à la voix de l'Esprit Saint, ce Testament admirable qui nous a fait verser tant de larmes, qu'il faudroit lire dans les chaires chrétiennes, comme le plus bel éloge, et comme la preuve la plus touchante du pouvoir d'une religion qui

MM. Huc, de Chamilly et Cléry.

M. de Malesherbes.

inspire des sentimens aussi tendres et aussi héroïques : *Hæc est victoria quæ vincit mundum fides nostra.* I. Joan. 5. 4.

Que n'étiez-vous ici, intrépide Roger de Moulins, et vous, généreux Guillaume de Château-Neuf, et vous, vertueux Villiers de l'île Adam, et vous, immortel Jean de la Valette, et vous tous, grands-maîtres, commandeurs et chevaliers de l'Ordre de Saint-Jean, depuis le vénérable Raimond jusqu'au fidèle Emmanuel de Rohan ! Que n'étiez-vous au milieu de nous lorsque le Roi de France étoit prisonnier dans l'enceinte de votre territoire, dans cette tour du Temple qu'il a immortalisée? Avec quel courage vous eussiez croisé vos armes autour de ces murs devenus sacrés pour vous ! Avec quelle ardeur vous les eussiez défendus comme vous défendîtes autrefois vos forteresses contre les entreprises des infidèles ! Avec quel amour vous eussiez voulu mourir en combattant auprès du fils de saint Louis, comme vous le fîtes dans les champs de l'Egypte auprès de son glorieux aïeul ! Avec quelle joie vous eussiez du moins partagé ses fers ! Avec quel plaisir vous eussiez offert vos trésors pour sa rançon !

Grand-maître de l'Ordre, tué au siége d'Acre en 1187.

Grand-maître qui partagea la captivité de saint-Louis, en 1250.

Grand-maître qui défendit le dernier l'île de Rhodes, en 1523, et prit possession de celle de Malte 1530.

Grand-maître qui sauva Malte attaquée par toutes les forces des Ottomans, en 1565.

Premier grand-maître, et qui rendit militaire l'ordre hospitalier de Saint-Jean de Jérusalem, en 1118.

Avant-dernier grand-maître.

Que dis je? avec quelle fidélité vous eussiez donné jusqu'à la dernière goutte de votre sang pour sa délivrance ! Mais hélas ! qu'auroient pu tous ces efforts réunis dans un temps où la terreur avoit comprimé jusqu'aux vœux des meilleurs Français?

Qu'ai-je entendu ?... D'où partent ces cris de mort ?... Que veut cette assemblée d'accusateurs transformés en juges? Quoi, méchans,
1. Reg. 26,9. vous oserez *porter la main sur l'Oint du Seigneur*, et encore vous dire *innocens*, contre la parole de Dieu, qui nous défend,
Ps. 104. 15. sous peine d'anathème, de *toucher à ses Christs !*.... Chrétiens, le Roi pardonne !... Il a signé dans un seul acte avant sa mort, autant de lettres de grâce *qu'il y a de*
Testament du roi. *Français qui se sont faits ses ennemis*..... N'attendez donc pas que j'assiste avec vous aux délibérations de ce conseil, hélas! aujourd'hui assez malheureux de ses remords, et sur lequel nous invoquons avec supplications et avec larmes cette inépuisable miséricorde qui efface les plus grands crimes, *comme*
Is., 44. 22. *une nuée légère*..... Demeurons dans la prison du juste pour le voir, *revêtu de toutes les*
Eph. 6. 11. *armes de la foi*, se préparer au plus rude

des combats, après lequel il ne lui restera plus qu'à marcher sans obstacle à la couronne éternelle.....

Mais comment vous retracer ici, Messieurs, ce douloureux moment, cette scène déchirante, où la Famille Royale, réunie pour la dernière fois, apprend de la bouche même du Roi, la plus accablante des nouvelles? Comment vous peindre, et le silence, et les soupirs, et les sanglots, et les paroles entrecoupées, et les regards fixes et immobiles, et les embrassemens, et les larmes, et les cris qui accompagnèrent la plus cruelle des séparations, et qui durent livrer à sa constance les plus terribles assauts? Mais non: au milieu de toutes ces attaques, pas un mouvement de foiblesse, malgré la sensibilité de son cœur; pas une plainte, malgré la justice de sa cause; pas un signe d'abattement, malgré les déchiremens intérieurs de la nature.... LOUIS console sa famille, il lui commande de pardonner, il la bénit, il s'arrache à ses embrassemens, et lui laisse, dans ces pénibles adieux, une dernière preuve de la puissance de cette religion, *plus forte que la mort même, dont les grandes* Cant. 8. 7.

eaux des tribulations *ne sauroient éteindre la charité* ni troubler un moment la paix
1. Joan. 5. 4. inaltérable. *Hæc est victoria quæ vincit mundum nostra fides.*

Madame, duchesse d'Angoulême.

Elle ne put cependant les supporter ces adieux pénibles, cette cruelle séparation, la jeune Princesse, qui devoit survivre à tant de malheurs, pour devenir parmi nous l'ange de la réconciliation et de la paix : tombée aux pieds de son père qu'elle tenoit embrassé, elle alloit succomber à la violence de sa douleur, si un long évanouissement n'eût mis un terme aux agitations et aux angoisses de la mort, qui sembloient déjà l'avoir environnée... Le ciel sans doute la réservoit pour se perfectionner dans son amertume, pour être *la perpétuelle affligée de la France*, pour supporter à elle seule tout le poids de tristesse dont nous méritérions d'être accablés, pour réparer nos joies insensées par sa continuelle désolation... Ah! Princesse auguste, gardez-la donc cette douleur qui vous est si chère, et qui fait notre sûreté! Non, nous n'entreprendrons pas de vous consoler, parce que nous ne nous consolerons jamais nous-mêmes : laissez seulement ce léger adoucissement à nos peines, de mêler aux larmes de votre douleur les larmes de notre repentir.

LOUIS a vaincu la nature par la foi : il vient de faire à la religion le sacrifice de ce qu'il avoit de plus cher au monde ; il est juste qu'il en goûte actuellement la récompense.... Approchez, ministre de cette religion sainte, ouvrez-lui les trésors de grâce qu'elle vous a confiés pour les âmes courageuses et fidèles ; purifiez-le des moindres fragilités. *Il a cherché scrupuleusement à les connoître ; il les a détestées en la présence de Dieu, et il lui en avoit offert la confession, avant de pouvoir se servir de votre ministère*..... Faites descendre dans la prison *le Roi immortel des siècles*, pour consoler lui-même un Roi de la terre abandonné ; donnez-lui *le calice du salut, afin que, louant et invoquant le Seigneur son Dieu*, il en reçoive une vie éternelle à la place d'une vie passagère que ses ennemis lui ravissent, et qu'il offre volontiers pour eux comme une victime d'expiation...... Partez donc maintenant, ô Roi trop généreux ; traversez, en pardonnant encore ;

Testament du roi.

I. Timoth. I. 17.

Ps. 115. 13.

cette double haie de sujets frappés de terreur, et qui se contentent de gémir en silence ; fortifiez de plus en plus votre grand cœur, humiliez-vous sous la main puissante du
Ps. 143. 10. Ps. 9. 15. Dieu *qui donne* ou qui ôte *le salut aux Rois*, *qui les retire des portes de la mort*, ou qui les ferme sur eux.... Franchissez ce degré sanglant : « *Fils de saint Louis*, » *montez au ciel!!!* » et vous, religion sainte, ouvrez les portes éternelles à un Roi juste qui vous a rendu jusqu'à la fin un si glorieux témoignage, et faites-lui saisir la

Dernières paroles de M. Edgworth au roi, le 21 janvier 1793.

I. Joan. 5.4. palme de la foi : *Hæc est victoria quæ vincit mundum fides nostra.*

Mais le ministère de la religion n'est pas terminé, puisqu'il reste encore d'autres victimes. Je la vois s'éloigner avec indignation de cette place sur laquelle elle ne peut plus abaisser ses regards, retourner précipitamment dans l'asile de la douleur, pour annoncer aux princesses éplorées la nouvelle de leur malheur trop certain, et remplacer auprès d'elles l'espérance dont elles aimoient à se flatter encore. Elle sera aussi la fidèle compagne de leur captivité ; elle soutiendra sur leurs lèvres le calice d'amertume qui leur est préparé ; elle les perfectionnera l'une et l'autre ; au grand caractère de la fille des Césars, elle ajoutera encore les tendres mouvemens de piété de la fille des Bourbons ; à la piété sensible de la vertueuse Elisabeth, elle communiquera tous les nobles élans de la foi d'une Reine courageuse, jusqu'à ce qu'éprouvées dans le creuset des mêmes tribulations, purifiées par la résignation dans le malheur, fortifiées l'une par l'autre, elles puissent laisser à l'héritière de tant d'infortunes et de tant d'héroïsme, un modèle accompli de force et de douceur, et devenir enfin à leur tour des témoins irrécusables de cette religion, qui sait élever ce qu'il y a de plus foible et de plus timide, au courage et à la magnanimité des âmes les plus généreuses et les plus grandes : *Hæc est victoria quæ vincit mundum fides nostra.* I. Joan. 5. 4.

Et quelle autre pensée, je vous le demande, Messieurs; quelle autre pensée que celle de la foi auroit donc pu inspirer à ces illustres princesses un si grand courage, une patience si longue au sein des plus humiliantes comme des plus terribles disgrâces?.... Quelle autre pensée que celle de la foi, auroit donc pu faire supporter avec tant de générosité à une Reine, aimée d'abord jusqu'à l'ivresse, parce qu'elle méritoit de l'être, cette injustice, cette ingratitude, cette barbarie qui la livrèrent tout d'un coup aux calomnies les plus injustes, aux scènes les plus outrageantes, et qui firent succéder *la haine* la plus furieuse *à cet amour dont elle avoit été si long-temps l'objet?* Quelle autre pensée que celle de la foi auroit donc pu consoler cette épouse si fidèle de la perte d'un époux auguste dont *le mariage lui promettoit un trône*, mais dont la tendresse l'eût encore dédommagée quand elle auroit perdu l'empire même de l'univers? Quelle autre pensée que celle de la foi auroit donc pu rendre supportables à une si bonne mère, à une amie aussi sensible, tant d'autres séparations qui arrachèrent à sa douleur ces plaintes auxquelles le cœur le plus dur ne sauroit refuser des larmes: *Non, je ne reverrai plus mes malheureux enfans, ma tendre et vertueuse sœur?* Quelle autre pensée que celle de la foi auroit pu lui faire contempler avec

Paroles de Louis XVI à M. de Malesherbes.

Paroles de Louis XVI à M. de Malesherbes.

Paroles de la reine à la Conciergerie.

calme, je dirois presque avec indifférence ; les changemens affreux, opérés dans sa royale fortune : le palais de sa gloire remplacé par une étroite et obscure prison ; une foule de serviteurs attentifs, par des gardiens impitoyables ; les douceurs et l'abondance de la vie, par les plus rigoureuses privations ; une cour empressée à répéter ses louanges, par un odieux tribunal occupé à intenter contre elle les accusations les plus iniques ; un nombreux et magnifique cortege, par l'appareil effrayant du supplice ?!! Enfin, quelle autre pensée que celle de la foi auroit pu lui faire mesurer d'un œil tranquille, franchir avec majesté, ou plutôt traverser lentement et pas à pas, avec une inaltérable noblesse, l'intervalle immense qui sépare le plus beau trône du monde d'avec un échafaud ?....

Il est vrai qu'elle avoit reçu du ciel une âme grande également difficile à céder à la vengeance et à la crainte, un cœur bon et sensible naturellement porté à compatir au malheur, et à plaindre jusqu'à ses ennemis, un esprit droit et aimant la vérité, préparé d'avance à reconnoître le néant des grandeurs et la vanité des plaisirs, et j'en appelle ici au témoignage de ceux qu'elle honora de sa confiance; mais hélas! Messieurs, vous le savez, qu'est-ce que l'homme même avec les plus heureux penchans de la nature? Que ses vertus sont foibles et imparfaites, s'il ne cherche à les fortifier par les considérations de la foi! Au moindre choc de l'adversité sa constance s'ébranle, et son héroïsme se dément: Français, il n'en fut pas ainsi de notre Reine, semblable à un rocher dont la cime se perd dans les nues, et qu'on voit toujours immobile malgré les flots qui se brisent à ses pieds, malgré les vagues impuissantes qui le couvrent de leur écume, et la foudre qui éclate autour de son sommet, elle resta inébranlable sous les coups répétés et insultans du malheur, *et le haut degré de perfection où elle s'est élevée durant le cours de ses infortunes*, en même temps qu'il nous apprend à chérir sa mémoire, demeurera parmi nous comme une preuve éclatante et immortelle de la toute-puissance de notre foi : *Hæc est victoria quæ vincit mundum fides nostra.*

Paroles de Louis XVI à M. de Malesherbes.

I. Joan. 5. 7.

Et vous aussi vous les reconnoîtrez les

heureuses influences de cette puissante religion; vous lui rendrez aussi un magnifique témoignage, dernier rejeton d'une famille qui fut la gloire des armes et l'honneur du nom français, guerrier aimable autant qu'intrépide, condamné précipitamment à périr! Non, Messieurs, le duc d'Enghien (et c'est un exemple mémorable qu'un Condé devoit laisser à ceux qui voudront comprendre que la véritable valeur ne brave pas le Dieu vivant et terrible); non, le duc d'Enghien ne regardera pas comme une foiblesse indigne des militaires de demander un prêtre pour l'assister à son dernier moment; l'impiété, toujours inhumaine, pourra bien le priver de cette consolation extérieure, mais la religion, dont il a réclamé avec instance les secours, lui apparoîtra invisiblement, *elle descendra à ses côtés dans la fosse creusée sous ses pas*, il la reconnoîtra des yeux de la foi, il se jetera dans son sein avec confiance, et là il recevra tranquillement les coups redoublés de la mort..... O grands princes, aïeul vénérable, et vous, ô père si profondément affligé! consolez-vous, votre illustre descendant *n'a pas*

M. le duc d'Enghien.

Sap. 10. 13.

M. le prince de Condé.

M. le duc de Bourbon.

2.Reg. 3. 33. *péri de la mort des lâches ;* il a scellé assez
glorieusement l'histoire des Condés, en terminant les victoires et les triomphes de ses ancêtres, par la victoire et le triomphe de
I. Joan. 5. 4. la foi : *Hæc est victoria quæ vincit mundum fides nostra.*

C'est ainsi, Messieurs, que nous avons appris, par l'exemple de notre Roi, des princes et des princesses de son sang, que la religion seule peut nous mettre au-dessus de tous les événemens de la vie; sur les débris de cette gloire humaine dont nos passions les firent descendre, ces illustres victimes surent en élever une autre plus solide et immortelle. Tout s'éclipsa, tout s'évanouit devant elles, et alors nous les vîmes plus à découvert, si je puis m'exprimer ainsi, plus grandes par la simplicité de leur foi, que par l'éclat du trône, des dignités, et de la gloire qui les environnoit. Il a fallu que les adversités de tous les genres vinssent à la fois fondre sur elles, que leur vie même qui devroit faire encore le bonheur des Français, leur fût arrachée avec violence, pour nous montrer tout ce qu'elles étoient, et en même temps tout ce que peut l'empire

de la religion : *hæc est victoria quæ vincit* I. Joan. 5. 4
mundum fides nostra.

Donc, Messieurs, et c'est la conséquence pratique qu'il me semble que nous devons tirer de ce discours; donc, il faut nous rattacher promptement et fortement à cette religion sainte, sans laquelle il n'y a point à espérer de repos pour les Etats, ni de ressource dans le malheur. Oui, c'est à elle qu'il faut avoir recours pour trouver un remède à nos maux innombrables; vainement nous le chercherions ailleurs : elle seule peut établir la félicité publique sur des bases solides, sur cet article fondamental de toutes les institutions humaines dont parle saint Pierre : « Aimez vos frères, craignez Dieu, honorez
le Roi; *fraternitatem diligite, Deum timete,* I. Pet. 2. 17.
Regem honorificate. » L'apôtre auroit pu abréger encore, car la crainte du Seigneur est le plus sûr garant de la fidélité des sujets, et le lien le plus étroit de la véritable fraternité; en vain on voudroit asseoir le bonheur social sur d'autres systèmes, dont un jour suffit pour montrer la foiblesse : l'édifice croulera encore, et avec plus de fracas, sans qu'on puisse jamais en rassembler les débris.

Venons donc, Messieurs, nous jeter aujourd'hui aux pieds de cette religion sainte, dans ses bras qu'elle nous ouvre encore; venons renouveler avec elle l'ancien pacte de nos pères; venons déposer dans son sein, toutes les haines, toutes les dissensions particulières et publiques, y puiser le pardon des ennemis, l'oubli des injures, le sincère amour de la patrie, l'attachement inviolable pour nos rois, et par suite les douceurs d'une paix perpétuelle...... Venons-y tous, grands et peuples, guerriers et magistrats, pères et enfans; venez vous-mêmes, ne craignez rien, vous qui fûtes coupables ou égarés; il n'y a plus maintenant de distinction depuis que le Seigneur a relevé *la Maison de David*, et nous a réunis sous la protection paternelle de nos anciens maîtres...... Venez-y aussi, vous surtout justes et humbles de cœur, qui, par vos gémissemens continuels, avez attiré sur nous la clémence céleste, germe précieux caché dans notre terre! Sans lui, Messieurs, c'est un hommage public que nous leur devons, à ces justes qui n'ont cessé de lever pour nous les mains vers le ciel, oui, *sans ce germe précieux que le Dieu des armées a daigné conserver parmi nous*, *nous eussions éprouvé le sort de Sodôme*, *de Gomorrhe*, ou de cette superbe capitale de l'empire d'Assur : *Les troupeaux d'alentour*, dit un prophète, *reposeroient actuellement à l'ombre de nos ruines ; les vestibules de nos palais seroient habités par les animaux sauvages*, *et les oiseaux carnassiers croasseroient au-dessus de nos portes.....* Grâces à la divine miséricorde, nous n'avons pas été consumés comme nous avions lieu de le craindre ! *misericordiæ Domini quia non sumus consumpti*, et c'est un motif de reconnoissance qui doit encore nous ramener à Dieu, et nous attacher à lui pour toujours. Eh ! que faudroit-il donc espérer de nous, Messieurs, si nous n'étions convertis ni par les malheurs, ni par les bienfaits ?

Is. 1. 9.

Sophon. 2. 14.

Thren. 3. 22.

O chères et augustes victimes ! Bon Roi que nous avons inondé d'amertume ; et vous, Reine courageuse qui fûtes en si peu de temps l'idole et la victime de la France ; et vous, aimable Prince à qui Dieu voulut épargner *le malheur de devenir* notre *Roi*, parce que dans ces temps difficiles vous n'eussiez point eu *l'autorité nécessaire pour faire*

Testament du Roi.

tout le bien qui eût été dans votre *cœur* ; et vous, Princesse angélique, dont la mort mit le comble à notre honte, et vous, vertueuses Princesses qui n'avez pas eu comme nous la consolation de revoir la France heureuse ; et vous, jeune Héros avec qui nous furent enlevées tant de glorieuses espérances !... puissiez-vous être aujourd'hui témoins de notre repentir et de notre retour ! Puissent du moins nos voix et nos promesses retentir jusques dans vos tombeaux, pénétrer sous ces terres où reposent vos restes précieux, et faire un
Ps. 50. 10. instant *tressaillir d'allégresse* vos *ossemens humiliés* sous l'empire de la mort !

Mais non, chrétiens, ne faisons point ici de souhaits profanes et stériles ; nous leur devons, à ces princes et à ces princesses révérés, nous leur devons une consolation plus vraie, plus digne de leur religion et de la nôtre : les prières et le sacrifice de la victime sainte, dont les mérites seuls peuvent les mettre en possession du repos éternel, si les longues épreuves qu'ils ont soutenues avec tant de patience, de résignation et de foi, ne les ont pas entièrement purifiés des foiblesses inséparables de la condition humaine.

Nous allons donc continuer de vous les offrir, ô mon Dieu, ces prières et ce sacrifice, et si des pécheurs tels que nous pouvoient présenter à votre grâce d'autres titres pour obtenir miséricorde que votre miséricorde elle-même; vous rappelant en faveur de nos Rois et de nos Princes, cette douceur, cette clémence, cette bonté touchante que vous leur aviez données en partage, nous vous dirions pour eux : Souvenez-vous, Seigneur, Ps. 131. 1.
de David et de toute sa douceur, *memento, Domine, David et omnis mansuetudinis ejus*. Nos Rois et nos Princes furent doux et clémens, et s'ils le furent trop, cet excès ne devint une faute que parce qu'aussi nous étions devenus trop méchans !.... Ils furent trop doux ! Hélas ! foibles et aveugles humains, qui ne jugeons qu'après l'événement, qui sait si cette douceur ne retarda pas de quelques instans l'effort de nos passions ?..... Ils furent trop doux !..... Ah! que nous avons été punis d'avoir souhaité un maître qui le fût moins !... Ils furent trop doux !.... O Jésus-Christ, sauveur des hommes, victime immolée pour le salut du monde, votre croix ne peut-elle pas quelquefois faire

craindre aux princes de ne l'être pas encore assez?.... Grand Dieu! où en serions-nous si votre extrême douceur ne mettoit des bornes à votre justice? *Souvenez-vous donc de*
Ps. 131. 1. *David et de toute sa douceur.* Souvenez-vous de votre parole, de la promesse que vous avez faite de donner *la terre des vivans*
Math. 5. 4. à ceux qui auront constamment *pratiqué la douceur* sur cette région de mort que nous habitons. *Memento, Domine, David et omnis*
Ps. 131. 1. *mansuetudinis ejus.* Souvenez-vous de David, souvenez-vous de son peuple; souvenez-vous du Roi, souvenez-vous de nous-mêmes; et, puisqu'il n'y a que la puissante douceur de votre Providence qui sache si merveilleusement tirer le bien du sein des plus grands maux....., rendez même nos fautes, des fautes heureuses.... En plaçant, à côté de saint Louis, les victimes de nos égaremens, faites-en autant de protecteurs de notre Monarchie; multipliez nos intercesseurs auprès de vous, et tous nos malheurs seront réparés. *Ainsi soit-il.*

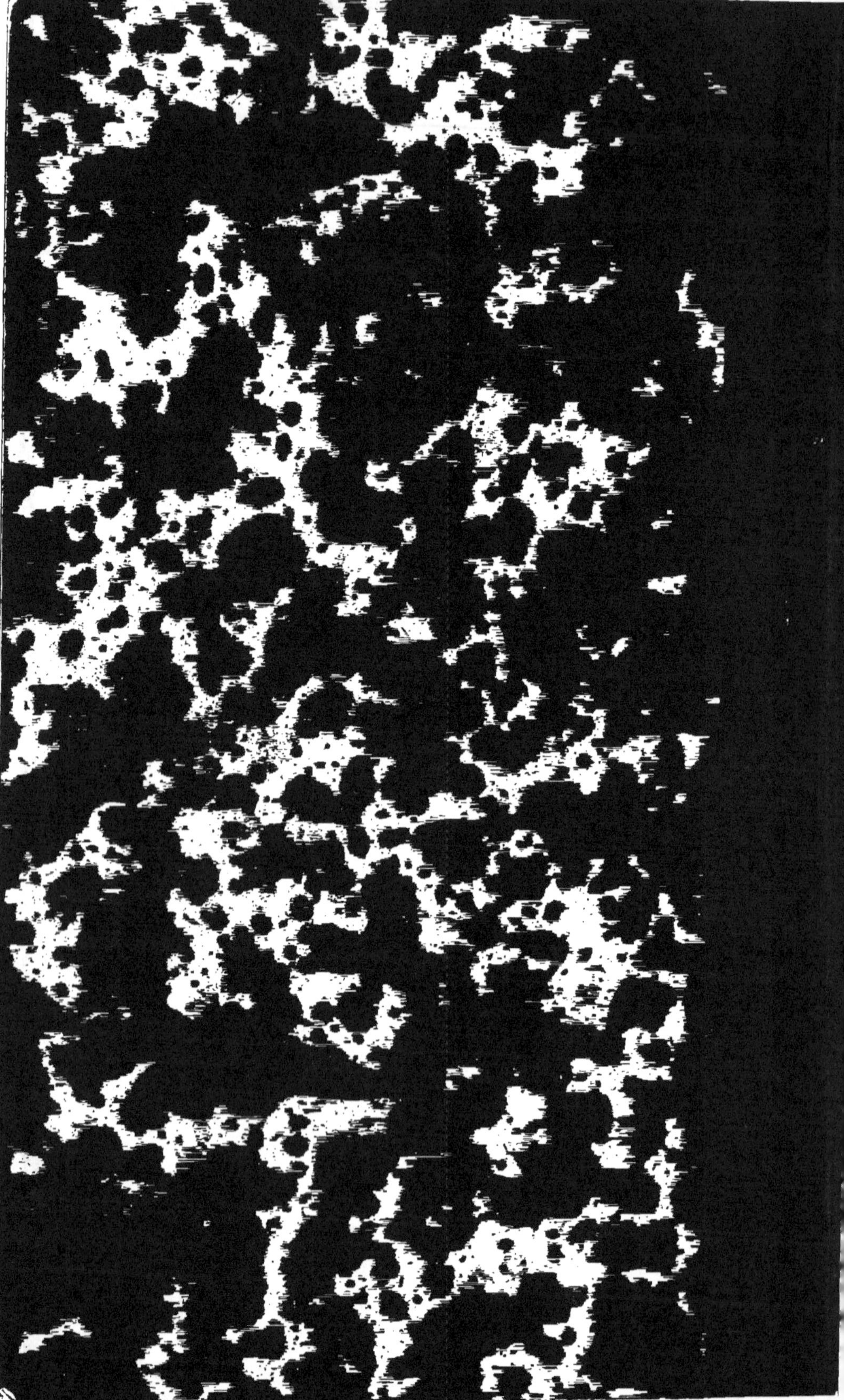

www.ingramcontent.com/pod-product-compliance
Lightning Source LLC
LaVergne TN
LVHW010043230826
846091LV00005B/1841

9782013378604